AF599804

31-12. V.

Meti

¿De qué espejo está hecha la vida?

JAVIER CLAURE COVARRUBIAS

Aliarediciones

Corrección: Eladia Guerrero
Diseño de cubierta: Laura S. Ayuso
Maquetación: Aliar Ediciones

Depósito Legal: GR 1083-2024
ISBN: 978-84-10374-41-6

Impreso en España

Edita
ALIAR Ediciones
www.aliarediciones.es
info@aliarediciones.es

¿De qué espejo está hecha la vida?

JAVIER CLAURE COVARRUBIAS

A mi hija, Alicia Marta,
porque me permite recrear el Amor.

PRÓLOGO

PÓRTICO

«Pórtico» es la palabra que remite a una estructura mayor que una puerta, es el espacio para transitar hacia algo que tiene cierta magnificencia. En este caso, esta palabra me permite el ingreso a ese algo magnífico que vibra por lo hondamente humano en un poeta. Esta vez, uso «pórtico» para Javier Claure Covarrubias, que me ha lanzado a detenerme en el pórtico para luego ingresar a su poética.

He agradecido que su poética —tratándose de un poeta boliviano— no se detenga en las memorias de la patria, en la nostalgia de las calles, las cosas pequeñas de los pueblos que alimentaron la infancia y la juventud. He agradecido que no sea un boliviano en el exilio —voluntario o no—, sino que el poeta que late en las palabras de Javier sea el poeta universal, que siente el mundo como habitante del mundo y que se pregunta: «¿De qué espejo está hecha la vida?».

¿De qué espejo está hecha la vida? es el título del libro. Todas las preguntas de Javier, explicitas e implícitas, están en sus imágenes, en sus reiteraciones, en sus múltiples temas: que son su espejo. Las expresiones de Javier suelen ser espejos, dimensiones ilusorias que parecen existir, pero no son la materia misma de que está hecha la vida. El espejo es

siempre semejante a la realidad, pero no ella. El título de este poemario es tremendamente sugerente, como las preguntas sobreentendidas. Veamos un poco, solamente copiando expresiones de distintos poemas que al afirmar preguntan:

Este poema
señores y señoras
es el puño en alto de Nelson Mandela

O cuando dice:

[...] nada es eterno en la rueda de la existencia
nadie tiene la verdad absoluta
el sable que nos protege
es también el que juzga y nos castiga

Parada en el pórtico, a la salida del viaje por el espejo, me permito seleccionar tres poemas en medio de tantos sentimientos y desgarros que nos hablan de lo que está hecha la vida. Tres poemas que unen a Javier al fuerte y verdadero motor del ser humano. El poema «Doña Efigo Omamoke» trata de las cavilaciones de una anciana universal llena de sabiduría, escepticismo, soledad y tristeza. Historia de la niñez universal, de la mujer, de la maternidad, del tiempo, del suicidio. Un poema logrado con expresiones fuertes, novedosas, crudas y hermosas. Un poema intenso, bello, triste como la vida. No vamos a enfriar la fuerza poética con análisis de los recursos expresivos. Leerlo completo y releerlo es la mejor misión del lector. Copiaremos solo el final, como golpe certero:

[...] fíjense ustedes
pronto partiré de espaldas

sobre tablas heladas
y no llevaré mis pertenencias
ni mi anillo de matrimonio
menos podré llevar
el último suspiro del suicida.

El otro poema que me deja parada bajo el pórtico se titula «¿Saben qué recuerdo de Banjul?». El poema es una despedida: ¿de qué?, ¿de quién?, ¿despedida personal, familiar?, ¿de una cultura, de las mil voces de ella?, ¿del cruce de culturas?, ¿de todo? Según el poeta, fue la Nochebuena de 2010. Parece correr un viento de tragedia por Banjul, la capital de Gambia. La intensidad y la tristeza atraviesan todo el poema. Copiamos unos versos para acercarnos, solo acercarnos:

[...] la noche más fría
la más triste en Banjul
esa fue la noche de lágrimas
Fatou estaba a mi lado

El tercer poema se titula «Abre la puerta de tu casa», poema breve, de una estructura organizada de tal manera que queda redonda, acabada, cerrada. La reiteración de la expresión «cuando, cuando, cuando...» durante el poema, unida a frases de felicidad, gozo, construyen un estado exultante, completamente adecuado para abrir las puertas a ese otro enorme motor para conocer al ser humano, al que goza, ama y siente que existe. Copiamos apenas un fragmento:

Abre la puerta de tu casa
cuando escuches una balada
con voz que te ha amado

Salimos del pórtico, invitando a otros a atravesar este espacio de preguntas que es el libro de Javier. Ojalá hayamos incitado a otros a cruzar definitivamente las puertas de este libro.

Gaby Vallejo Canedo (Q. E. P. D.)
Cochabamba, 20 de agosto de 2023

Poema subversivo

O el mundo se organiza sobre bases de justicia y dignidad humana, donde no caben los mercaderes, o no se organiza de ninguna manera.

León Felipe

Este poema
señores y señoras
es el puño en alto de Nelson Mandela
es el coral
de los océanos sin fecha de caducidad
no es la primera piedra
sino la segunda
porque denuncia
el delito envejecido en los bolsillos
este bendito poema
amigos míos
es la pantera cósmica
rondando por las montañas
y hace crecer eucaliptos
sobre el lomo de las vacas.

Este poema
corre por mi sangre
toca timbres
corazones y ventanas
es el cántaro
desde donde vierto
mis alegrías
mis dudas
mis amores no correspondidos

mis éxitos
y mis fracasos
este bendito poema
amigos míos
da movimiento al ferrocarril
empuja al huracán encendido
que se cuela en las chimeneas.

Este poema
señores y señoras
es la nariz que olfatea al enemigo
es el brillo que resbala en la pintura
es el fierro que tranca la puerta
la campana desdoblada por una monja
habla de la formación estelar de las galaxias
del compromiso esfumado por un hueco
del indiscreto que no supo coser
los dos bordes de la herida
este bendito poema
amigos míos
es un pájaro volando en espiral
después que ha pasado un cometa
es la hipotenusa
que se levanta como bandera.

Este poema
despliega un redondo con números
gira y gira
con un segundero irreversible
un minutero
que nunca repite el 1, el 5 ni el 7
y concibe

el más allá indestructible
y multiplica
el pan sin la ayuda de Dios
este bendito poema
amigos míos
es la vela que no se apaga
la simetría necesaria
para fecundar
el útero del universo.

Leprosos

Venían
de las cenizas polvorientas y de la sequía
de los campos despoblados
de las murallas sin techo
que detienen a los mutilados.

Venían
de las trancas
del duelo perdido en el desierto
y de las sirenas
que causan desconcierto.

Venían
del abismo
del abandono
y del desprecio.

Venían
a la capital
a tantear el destino
a buscar misericordia
y al Cristo clandestino.

Venían
harapientos y famélicos
y brillaban sus ojos de humildad
y tenían ángeles metidos en el cuerpo
y comían tanta calle
y soñaban con Dios
y con el «hágase su voluntad».

Venían
tocando madera con sus muñones
y gritaban «verdura»
con voz rota por el hambre
y pagaban las muertes con los muertos
y la desigualdad con la limosna.

Venían
a saborear el aire de cada esquina
con la esperanza de estrechar las manos
«piedad por ellos» decían
y nadie acudía a la caridad
el no te conozco
con sombrero en el rostro
el sí, que siempre fue nunca
y escuchaban el ruido de los coches
y esculpían candelabros
ante un futuro desalmado
y lloraban antes de dormir.

Venían
de las cenizas polvorientas y de la sequía.

He visto patear a mujeres de pollera

Quisiera convocar a diputados
y a las cúpulas más altas de la sociedad
para preguntarles por la agonía
en las vísceras del pueblo
quizá, pueda capturar a los culpables
y luego
mostrar las fotos en la televisión
lárgate ya, pólvora de mil pies
porque yo he visto patear
a mujeres de pollera.

Quisiera redactar documentos
de seguridad social
para los huérfanos y los desamparados
fabricar un radar palpitante
a lo largo y ancho de mi patria
quizá, pueda viajar
a esos lugares ametrallados
y luego
traer en botellas
la sangre de los muertos
lárgate ya, puñal castrense
porque yo he visto patear
a mujeres de pollera.

Quisiera abrir los archivos color mosca
desde donde manipularon
apagadas de luz para robar
en donde ocultaron
las órdenes que dieron

un tinte verde olivo al gatillo
y la bandera lloraba torcida a su favor
quizá, pueda enviar un telegrama
y luego
enseñar la respuesta
a la prensa internacional
lárgate ya, verdugo de cinco estrellas
porque yo he visto patear
a mujeres de pollera.

La vida es la vida como un rayo en caída

La vida es la vida como un rayo en caída
nadamos en el vientre materno
y adivinamos en las noches de mil lunas
el día de los tiempos
para jugar a las rondas de Mistral.

La vida es la vida como un rayo en caída
abrigamos ilusiones y cuidamos a nuestros hijos
caminamos a tientas
con la faena del diario vivir en la nuca
y muchas veces hacia un espejismo
que ha brotado de los troncos dolientes del planeta.

La vida es la vida como un rayo en caída
plantamos árboles para ver en sus frutos nuestros sueños
guardamos recuerdos en las fotos
nada es eterno en la rueda de la existencia
nadie tiene la verdad absoluta
el sable que nos protege
es también el que juzga y nos castiga.

La vida es la vida como un rayo en caída
pasan los años, pasan las nubes, pasan los barcos
somos agua
somos fuego
somos aire
y somos tierra.

Doña Efigo Omamoke

Las cosas que no se pueden pesar ni medir son mucho más importantes que aquellas que sí se pueden pesar y medir.

Alexis Carrel

Doña Efigo Omamoke
con sus ochenta y cuatro años
solía contar los árboles de su barrio
subrayaba párrafos de la Biblia
y a las palomas que llegaban a su huerto
granos de maíz les ofrecía.

El destino me ha jugado mal
—decía doña Efigo—
las tres cartas de mi póker
fueron crueles de verdad
la primera carta anunciaba
la muerte de mi marido
desde ese día
el dolor esposó conmigo
respiro con más intensidad
mis ojos son dos cortaplumas
que iluminan ausencia
mi voz se volvió aguda
y en este vaivén
tiré los tejos en buena dirección
pero la suerte
nunca estuvo a mi favor
y golpe tras golpe
he hallado consuelo en las alturas

me aferré entonces a mi rosario
cuyas perlas me devolvían
lo hermoso de la vida.

Doña Efigo Omamoke
vivía en una pequeña casa de adobes
su patio era un suplicio abierto a la claridad
la Virgen María
adornaba la cabecera de su cama
un brasero humeante
delataba la llegada de visitas
cacerolas
calderas
y platos de aluminio
reposaban en su comedor
como si fueran faroles
de antiguas carrozas
en las antiguas calles de Venecia.

A doña Efigo Omamoke
le gustaba los helados y las golosinas
amaba el sol del atardecer
y tenía una soberana afición por las plantas.

La segunda carta
me arrebató a mi hijo mayor
—decía doña Efigo—
se fue como una venda sangrante de hospital
una vez más
me quedé revestida de tristeza
una sola lámpara
alumbraba los rincones de mi casa

mis lágrimas
escribieron una canción líquida
que jamás tuvo fin
y me puse muy terca
con todo eso
que las circunstancias llaman casualidad.

La tercera carta
es la brújula de mi martirio
—decía doña Efigo—
a veces me invento personajes
como si fuese un encuentro fortuito
con mis seres más queridos que toleran
mis penas
mis náuseas
mis alegrías
y mis vómitos.

Doña Efigo Omamoke
curvada, prolongaba sobre su bastón
todo su centro de gravedad
en cada pasito que daba entre las baldosas
dibujaba la historia de su existencia
y cuando se encontraba con un cura de sotana
exclamaba:
¡facineroso, a ti te estoy buscando!

De niña
vestía a mis muñecas como ustedes
—decía doña Efigo a sus nietas—
canté
junto al ruiseñor en las madrugadas

saqué agua del pozo
la aguja y el dedal
fueron mis mejores amigas
y enterré las yemas de mis dedos
en los surcos de la tierra.

Luego más tarde
fui dama de un caballero bien educado
de corbata azul y traje sin manchas
con ese hombre me casé
en abril de 1934
bailábamos
tango
vals
boleros
y los maridos de aquel tiempo
susurraban ternura
en las noches de fiesta
ahora
todo es una desfachatez
—decía doña Efigo—
el desprecio
los celos
y la violencia
ensombrecen
los parques y los teatros
la locura
habla de la madre de las bombas
la gente lucha
por alcanzar la cima de lo material
cuando en realidad

deberían asomarse
al pedestal más alto de lo humano.

Somos una chispa fugaz
en cualquier momento
nos vamos boca abajo
como alondras descarriadas.

Estoy muy cansada
—decía doña Efigo—
mis venas
no encuentran su fuente
mis ojos
ya no divisan el norte de mi camino
la cabeza
y mis pies me chantajean
mi pulso
es una grotesca tembladera
fíjense ustedes
pronto partiré de espaldas
sobre tablas heladas
y no llevaré mis pertenencias
ni mi anillo de matrimonio
menos podré llevar
el último suspiro del suicida.

Cantar Amor siempre muy siempre

Cuando los astros acostadamente
alicatean alrededor de la tenebrosidad
hormiguean gusanos por los cafetales
y el viento tijerea como una araña de navajas
por eso mismo
en esta vida
de yunque, de piedra y de cincel
cantar Amor siempre muy siempre
es motor, es fogata y es clavel.

Cuando las atalayas de la paz fueguean
por la quietud del mundo en este trajinar
clavadamente claman los ciudadanos de a pie
por el cese de las tempestades
sobre la faz de la tierra
por eso mismo
en esta vida
de yunque, de piedra y de cincel
cantar Amor siempre muy siempre
es motor, es fogata y es clavel.

Cuando alguien catacumbea
con un falso discurso
estrelladamente
todo lo que es noticia
es también cortina de humo
por eso mismo
en esta vida
de yunque, de piedra y de cincel
cantar Amor siempre muy siempre
es motor, es fogata y es clavel.

I griega

Y escribo para los espejos y los vientos no sé por qué
y las miradas acusadoras que me están mirando
y los conjuros de amor en noches de luna llena
y el principio sin final encerrado en un cofre
y las flores que esperamos cada día
y los que están a punto de graduarse
y escribo por la resurrección de las cartas no sé por qué.

Cartas de Beatriz

El destino es el que baraja las cartas, pero nosotros los que las jugamos.

Arthur Schopenhauer

He leído tus cartas
en un día nublado de octubre
y has vuelto
como una antorcha olímpica caída a mi tejado
con el fin
de anudar tu signo del zodiaco con el mío
de ser la compañera de mis andanzas
y en las horas
de quemantes aguas destiladas
mil veces tu presencia se adentró
en los reinos del silencio
la luna lloraba, por defecto, sin consuelo
el sol marchitado contra el desierto infinito
y en las hojas del calendario
jamás cayó el fruto maduro
te faltaba casi nada
para ser cometa de años luz
y bajo el cielo gris
he guardado celosamente
tu dolor en la lluvia
y tú has acumulado mi dolor
gota a gota
milímetro a milímetro
en tu corazón
partido por los años
y los puntos cardinales degollados.

Me hablas
de tus aflicciones
de tus miedos
de tus conflictos internos
de una eterna melancolía
y de sueños inconclusos
aseguras
que has cargado una cruz pesada
que el arrepentimiento
es tu desayuno
y que eres
la destructora de tu propia felicidad
dominar el vía crucis
ha sido tu secreto cotidiano
y en la inmensa anchura
entre tú y yo
san Valentín nunca colgó un lucero
en nuestras pesadumbres
en nuestros caprichos
en nuestros desaciertos
y en nuestra inmadurez.

Si tú me escribes así
será porque los besos más tiernos
temblaron en nuestros labios
la sazón de tu cuerpo desnudo a media luz
la noche perdida
entre tu ombligo y el mío
tú misma eras un destello
en las cuencas de mis ojos
tú
la clorofila de nuestro amor

tú
la hierba buena de cada día.

Ayer no más parece
que tú y yo
pedíamos al cielo
detener nuestra estrella
para buscar
la imagen perfecta del amor.

¿Recuerdas, Beatriz, bajo qué constelación
nos amamos?

Si tú respondes a mi pluma
será porque solías visitar
el camarote de mi navío solitario
sin muros
sin rebotes de ventanas
ni testigos
navegábamos lado a lado
en medio de algoritmos
de pirámides
de axiomas
y cuando se trenzaban las velas del barco
surgían ecuaciones de quinto grado
y entre sacudones de la proa
jugábamos tú y yo
a sacar la raíz cuadrada
de nuestras más íntimas locuras
humedad de mar
que tantas veces se repitió.

Y en el ir y venir de los años
inventé un color para tus sombras
un idioma para hablarte
y escribí este poema
en los muros
más amplios del universo.

Al fin y al cabo
las noches que dormía contigo
no tuve otros sueños
ni tuve otros pensamientos
y te amé como se ama
a la mujer inocente de proceder fiel
para hacerte imperecedera junto a mí
fuiste el rocío de mi jardín
agua cristalina
que goteaba por el vástago
cuando tu piel y la mía
sabían dulce
en la textura de nuestra relación
ahora que estás lejos
doblo tu última carta
para salir
de este atisbo existencial
y nuevamente te veo partir
con ese silencioso llanto
bajo tus párpados de terciopelo.

Todo importa

Todo importa:
las llaves y los libros perdidos en el tren
las cucharillas guardadas en cajones
el croar de las ranas en un charco
la sal que cae a los alimentos
la jerga subterránea de las ratas
la conducta del cóndor majestuoso
pero lo que más importa
son los quejidos de las mujeres
que están pariendo en este instante.

Mis abuelos

Mi abuelo
era un hombre noble de ternos oscuros
y sombrero borsalino
escuchaba misa los domingos
en la Semana Santa de nazarenos
hacía brillar el metal de su crucifijo
y limpiaba el cuerpo de Cristo
con algodón bendecido y alcohol blanco.

Mi abuela
era esa mujer
de manos prodigiosas
su tacto relucía
en las tareas del hogar
imploraba al Espíritu Santo
y a las almas benditas en sus plegarias
nunca declaró desierto a su casa
y protegía a sus hijas
con ese amor
que solo las madres pueden dar.

Mi abuelo
era hábil por excelencia
arreglaba anafes Primus
fabricaba pequeños bancos
remojaba candados en parafina
guardaba tornillos y clavos
en cajas pequeñas de cartón
serruchos
taladros

y alicates
eran la prolongación de sus manos
y cuando bostezaba
era un motor ronco en funcionamiento
después decía:
¿Quién grita?
la negrita
¿Quién llora?
la señora
¿Quién canta?
la garganta
y luego
venía la carcajada.

Mi abuela
cocinaba de maravillas
repartía el pan con justa razón
tenía grandes soperas
grandes fuentes
grandes cucharones
una enorme mesa con hule verde
en donde toda la familia comía alrededor
y las sobremesas
se convertían en fiestas de trajes domingueros.

Mi abuelo
era benemérito de la Guerra del Chaco
arreciaba orgulloso cada vértebra
cuando desfilaba con sus medallas
contaba con ironía
las atrocidades de Melgarejo

y con regocijo
las hazañas de su juventud.

Mi abuela
era juiciosa con alteza
y decía
«tu almohada es tu conciencia»
leía la prensa con ojo crítico
no fue condenada por hereje
ni por faltar el respeto al prójimo
veía crecer a sus nietos
con sus infinitas travesuras
y en los difíciles momentos de supervivencia
detrás de los visillos nacarados
el llanto regresaba a sus ojos
y por la neblina vidriosa de su rostro
desfilaban angustias fragmentadas
y el padrenuestro era su única salvación.

Mi abuelo
fumaba cigarrillos sucrenses
y en el humo que despedía
dibujaba una escalera de esmeraldas
santificaba los medicamentos con una cruz
escudo que le sirvió
en los instantes en que llegaban los eclipses de sol.

Mi abuela
por ser la madre de mi madre
es el árbol genealógico
que chispea cada primero de diciembre
súbita señal para volver a las raíces

desde donde germinaron
el origen
el amor
los retoños
y la historia familiar.

Abre la puerta de tu casa

Descubrirse a sí mismo no tiene fin
y requiere constante investigación.
En realidad, este viaje consiste en abrir
una puerta al individuo en su
relación con el mundo.

Jiddu Krishnamurti

Abre la puerta de tu casa
cuando los nardos sean
un puente de fraternidad
o cuando digan las magnolias
que ya no hay armas en el planeta.

Abre la puerta de tu casa
cuando los balcones ejecuten el verbo amar
o cuando mis poemas sean
siembra y cosecha
antes de que lloren los elefantes.

Abre la puerta de tu casa
cuando escuches una balada
con voz que te ha amado
o cuando coronen a esa pareja
con pistilos de madreselva.

Ríos, bosques y cuevas

Hay ríos
que arrastran palabras
nunca salidas del tintero
y juicios pendientes
que se elevan como pezuñas de tigre saltando
son ríos, ríos que hablan con las algas
de la miseria humana
de las disyuntivas puestas con disimulo
de las epopeyas que llegan a sus orillas
y que al darse
un giro de noventa grados en su cauce
despojan
sus romances
sus secretos
sus anécdotas
y dan la sensación de bienestar.

Los ríos son a las plantas
como la sangre al corazón.

Son ríos, ríos que albergan riquezas
a veces fluyen mansos
en las quebradas de pueblos aledaños
y limpian las partes negativas de la mente
otras veces se desbordan
de alegría
de cólera
de agua sobre agua
y se alargan en fila india.

Hay bosques
que siguen un sendero
entre el paraíso y el purgatorio
el búho
un reflector encendido en una rama
la jirafa
una bandeja oxidada en un sauce llorón
son bosques que cuentan
la dicha de la luciérnaga
la muerte de la flor callada
la mutilación de arbustos
y de plantas tropicales.

Los bosques son a la Tierra
como los pulmones al ser humano.

Son bosques, bosques que en lo alto
cobijan a fantasmas y a brujos
que han encontrado manjares
y tesoros recién nacidos,
de los ciruelos y de las uvas, el líquido divino
de los árboles, una mano pintando un arcoíris.

Hay cuevas
que murmuran el rumor de los murciélagos
y ocultan la plenitud de la naturaleza
son cuevas que poseen
gas, petróleo, estalactitas
y las fibras de la pulpa mineral
son cuevas de misterio y de tórtolas
que revelan mitos y cuentos ancestrales.

Las cuevas son a las montañas
como los agujeros negros al firmamento.

Son cuevas, cuevas de algún reino gótico
con rinocerontes y dinosaurios
la singular formación de sus ángulos
mitad caballo
mitad gallo
son la constelación sagrada
desde donde baja el loco Antonio
golpeando postes, latas viejas
y las hojas somnolientas del limonero.

El inmigrante

El inmigrante
es un ser errante que busca
un hogar bajo un cielo nuevo
grita su dolor junto a una palmera seca
y es entonces cuando se pregunta
si el destino
se abrirá como una rosa
sin espinas en el tallo.

El inmigrante
huye
de la violencia
del hambre
de la malaria
del ninguneo
del ébola
navega
entre olas enfurecidas del Mediterráneo
de repente cae en alta mar
y yace para siempre
flotando en las aguas indolentes.

El inmigrante
transita
por senderos de quince dagas
viaja
sobre techos fríos de los trenes
que suenan arrastrando consigo
el golpeteo de sueños resquebrajados
y cuando ya no puede con sus pies

duerme en rincones
donde solo habitan
las piedras y el silencio.

El inmigrante
escarba
soles dentro del caos
juega
con vidrios rotos
para encontrar nuevos horizontes
escala
cerros sin cuerdas de seguridad
y en el fondo de su espíritu
se desatan
el desarraigo y la soledad.

El inmigrante
añora su patria con fervor
se rasga el corazón por su bandera
y cuando vuelve a su terruño
con la cabeza color nieve
es un inmigrante en su propio país.

Palestina

El pueblo palestino no puede ser el sacrificio de la humanidad.
Yo moriré, pero volveré y seré millones.

Túpac Katari, líder indígena
descuartizado en La Paz (Bolivia) en 1871.

Palestina
eres la joya crucificada de Medio Oriente
más de siete décadas
remolcando el peso de la muerte
y las huellas del látigo
marcadas sobre tu inocente cuerpo
tus ojos
son dos barcos encallados sin ventanas
tu cabeza
una prisión forzada en tu propia casa
tus manos
son las manos encadenadas de la esclavitud
y tu corazón
un tubo abierto que filtra sufrimiento.

Palestina
la tierra satánica prometida por Dios
flagela tus nervios y tus extremidades
viola la virginidad de tus montañas
y la Tierra Santa del infierno
contamina las costas de tu mar
y las aguas del río Jordán,
franja mutilada que arde de día y de noche
entre alambres de púas, campos de agricultura

y rosales que se mueren
como mariposas
atrapadas en alquitrán caliente.

Palestina
eres el muro de cemento
que se levanta como castigo
eres la herida abierta
que sigue sangrando en pleno siglo XXI
y la espina apartheid
incrustada en tu columna vertebral,
lluvia de vidrios punzantes:
cortes de agua y de luz
encarcelamiento de niños y jóvenes
usurpación de jardines y de viviendas
clavículas rotas por las culatas de fusiles
y el hambre sobre el pecho que golpea el alma.

Palestina
eres la bravura que desciende desde los volcanes
eres la intifada[1]
en busca del mapa no cortado
pero también
eres rebeldía con causa
pariendo
hombres y mujeres con la frente en alto.

Palestina
de piedras contra cañones
de palos contra aviones de guerra

---

1. Intifada: levantamiento popular contra una fuerza ocupante o un Gobierno opresor.

de llantos contra homicidios
de misiles contra hospitales
de granadas contra ambulancias
de proyectiles contra periodistas
y en el centro de esta cruel asimetría
la razón contra la barbarie del más fuerte.

En Palestina
caen bombas desde el cielo
y sus calles se transforman
en escombros
sellados con la estrella de David
en adobes, en trozos de hormigón armado
en montículos de muebles, de televisores,
de muñecas y de cuerpos destrozados
cobarde aplastada
como quien dice
allí
ellos teñidos con el líquido
de los vasos sanguíneos
y nosotros aquí
blindados jalando más territorio.

Palestina
sabemos que la serpiente maldita
de cinco cabezas
apuñala tus pies descalzos
sabemos que las crónicas de tus habitantes
están escritas por tus muertos
sabemos que las estatuas
hablan de tus héroes
tu biografía

está plasmada en periódicos
y en tus plazuelas protestan
contra la invasión de los asaltantes.

Los palestinos
son defensores de su nación, de su tierra,
de sus cosechas, de la comida que cae a sus platos
y de la veracidad que cubre sus alamedas.

Desde hace mucho tiempo
quieren volver a su hogar
sin muros, sin vallas y sin colonos
los palestinos
no han visto sino
arrodillado a su estandarte
no han escuchado sino
el fallecimiento
tocando las puertas de sus casas
no han encontrado sino
mortajas, sábanas blancas y ataúdes
no se han topado sino
con la repugnante impunidad del crimen
y con una comunidad internacional
sorda, muda y ciega
que siempre se ha hecho
tercamente esquizofrénica.

Entre la Biblia y el Muro de los Lamentos
esta hipocresía
esta agresión
esta sangre coagulada
este yunque martillado día a día

entre la Biblia y el muro de las mentiras
tanto odio de frontera a frontera
tanta falta de comprensión
cuando los años no son pocos
y la vida se torna
en taladro, en clavo y en puñal.

Ahora
que la dirección está mal puesta
ataca el enemigo
por el flanco rojo y blanco de cincuenta estrellas
cientos de niños mueren junto a sus padres
cientos de mujeres reposan inmóviles para siempre
cientos de ancianos yacen descuartizados
y todos se preguntan
¿irán esos niños de tiernos rostros al cielo?

Una vez más
desde Jerusalén
acribillaron a Cristo en Palestina
miles de Judas
cargados con poderosos clavos F-16
abrieron su pecho inmaculado
sangra que sangra sus costillas
ante los ojos de la humanidad
que implora por la justicia.

Si mutilan mi cuerpo

Si queman mi rostro
con fierros candentes
será mi hija Alicia
la que limpie mis párpados
con una seda impecable
y abriré mis ojos dormidos
juzgaré
el delito desde el inicio hasta el final
repetiré
la sentencia incansablemente
llamaré
nombre por nombre
apellido por apellido
y arrojaré
a los culpables
a un redondel de tigres hambrientos.

Si cosen mis labios
con tripa seca
seguiré siendo políglota
en todas las capitales del mundo
y mi voz será la voz
de los pueblos en sublevación
y protestaré
contra los capataces que acuchillan
a los agachados y a la pluralidad
demoleré la construcción
de canales artificiales con cemento
y seré pólvora ardiendo en los tejados

para legislar la eternidad
del No al privilegio.

Si machucan mis codos
el tejido de mis células
se hará visible por primera vez
la cebada y el trigo crecerán
como espigas insurgentes
y se escucharán gritos
de cirujanos
de obreros
de matemáticos
y de hechiceros con balanzas
se percibirá el chirrido
de las máquinas de escribir
de las antenas al aire libre
de los engranajes de una turbina
y de los tranvías de Estocolmo.

Finalmente
si ocasionan llagas
en las plantas de mis pies
volveré
a caminar con más ahínco
por las calles de Dakar y Banjul
regresaré
a las aldeas y a los suburbios
otra vez hablaré
con las voces ahogadas
con los escupidos por la historia
y con los mendigos de cara cortada

otra vez observaré
la puerta sin retorno
en la Casa de los Esclavos.

El día en que llegaste al mundo

A mi hija, Alicia Martha

En la profundidad de los ojos de mi hija, descubrí el paraíso.

Alan Frers

El día en que llegaste al mundo
florecieron todas las orquídeas blancas
y te alcé en mi regazo con infinita ternura
te bañé con agua perfumada
y tu primer llanto fue la dulce melodía
que acariciaba mis oídos
tus ojitos
eran la luz de mi camino
tus manos
eran mis manos
tus pies
eran mis pies
y fuiste la unión de mi cielo dividido
en dos partes desiguales.

El día en que llegaste al mundo
gorjeaban alegres las aves en el campanario
y yo aferrado a ti
describía matemáticamente tu llegada
f —Javier— igual Alicia Martha[2]
como prueba fidedigna de que fui yo
quien ejecutó
de mil amores esa función de amor
que me hizo tu progenitor

2. * f (Javier) = Alicia Martha

y me regalaste
un instrumento para medir mi poesía
y me enseñaste
una estación en donde la atmósfera
esparce gladiolos en la cordillera
y arroz en las ciudades.

Después de algún tiempo que llegaste al mundo
se interpuso la distancia entre tú y yo
mis cicatrices afloraban
como rosas sobre el nivel del mar
mi barba crecía con rebeldía
sin más causas que aquel día
en que por primera vez junto a ti
toqué el cielo
y nuevamente nací
a la vida bella y dolorosa
dolía tu carne con mi carne
tus huesos crujían con mis huesos
tus ojos con mis ojos
fueron los leones sin jaula
y tu aliento con mi aliento
fue la dinamita de mis pómulos invencibles.

Luego fuiste una larga epístola
y para tenerte a mi lado
escribía
en tarjetas hechas por mi pulso
cortaba y pintaba cartulinas
en diferentes formas y colores
dejaba volar mi fantasía
alrededor de tus juguetes

y mi material de trabajo era:
botones
corchos
estampillas
telas
billetes antiguos
alambres
hilos
encajes
flores de gasa
tornillos
láminas de cobre
de bronce
y de aluminio.

Después de algún tiempo que llegaste al mundo
copié tu nombre
en los cristales de un avión
antes de partir a Senegal
luego imprimí
tus pequeñas huellas digitales en mis nervios
tus canciones y trabalenguas eran mis rezos
eras la muñequita que siempre volvía
con nuevas ocurrencias
y con Tedy
tu marioneta de peluche
que por error pasó una noche
en la iglesia Santa Clara de Estocolmo.

Después de muchos años que llegaste al mundo
sonaron claves y marimbas
y bajo destellos de alegría

nos entreteníamos con figuras geométricas
con números y conjuntos
los tintes que dan energía
se plasmaban en tus dibujos
jugábamos y te decía
«no es cierto
pero si un gato es igual a un televisor
y otro gato es igual a un piano»
tú me contestabas con una sonrisa
«papá, entonces, el televisor es igual al piano».

He pedido perdón

He pedido perdón
a las madres y a las tumbas
por haber cortado el sacrificio
de las plantas para alzarse
por haber colgado en los puentes
la esterilidad intelectual de los gobiernos
y mensajes apocalípticos
sacados de cajas negras.

He pedido perdón
por no haber depositado
mil toneladas de plomo
para cortar el paso
de la locura galopante
en las mentes malvadas del globo terráqueo
también he pedido perdón
a los dioses del Olimpo
por haber amputado las extremidades
a los santos
en las capillas de los cementerios
y por haber destruido los números primos
que anunciaban la felicidad de los lagartos.

He pedido perdón
a todos y a todas que confiaron en mí
porque no pude frenar
a generales que forzaban
los cimientos de la democracia
hacia un calvario sin salida.

He pedido perdón
a las raíces que nutren los tallos
porque mis versos no llevaron
cántaros de agua a los sembradíos
no consiguieron la solidaridad
ni calmaron la furia de los mares.

No he pedido perdón
a las monjas y a los curas
porque no creo en el perdón bíblico
creo en la justicia
como el perdón del pecado.

Conozco

La arquitectura no son cuatro paredes y un tejado, sino el espacio y el espíritu que se genera dentro.

Lao Tzu

Conozco
el lenguaje infinito del tiempo
la potestad del trueno al amanecer
y la crueldad
en todos los rincones culposos.

Conozco
la nobleza de los trigales
el lado oscuro del fuego
las grietas donde se ocultan insectos
y el movimiento de los gatos
en las casas abandonadas.

Conozco
la dureza del roble
su follaje que nace con vigor
conozco la bondad de sus ramas
la sabiduría de sus raíces
la fuerza de su tronco
para soportar tempestades
y los abismos de la existencia.

¿Saben qué recuerdo de Banjul?

Un primo es un pequeño trozo de infancia que nunca podremos olvidar.

Marion C. Garretty

A Ramiro Chanez Covarrubias (Q. E. P. D.)

¿Saben qué recuerdo de Banjul?
recuerdo que era fin de año
y que la brisa corría suavemente
por las calles y playas de la costa
recuerdo la mirada seductora de Binta
los amuletos colgados en las tiendas de Kotu
la solemne ceremonia del ataya[3]
y que despertaba por un grito glorioso
que decía lentamente: «Allaaahu akbar».

¿Saben qué recuerdo de Banjul?
recuerdo las risas y las charlas nocturnas
ellos sabían bien
nadie se burla del último profeta
recuerdo los recipientes yuxtapuestos con agua
listos para las abluciones
oraban inclinando la cabeza hacia el suelo
evocaban a su Dios
y escuchaba de mil voces
la palabra amén al mismo tiempo
sonido purificador del alma.

---

3. Ataya: té africano, infusión preparada con una hierba especial.

¿Saben qué recuerdo de Banjul?
recuerdo que crucé
el grandioso río Gambia
en un barco repleto de gente
como repleto de cargas
recuerdo las casas de calamina
con piedras en los techos
y que cada familia
había formado allí
un hogar humilde
y sin pactos con el diablo.

¿Saben qué recuerdo de Banjul?
recuerdo que en Kachikally
observé a cocodrilos
que dormían satisfechos
con el hocico abierto
en Fajara los niños me gritaban
«*tubab, tubab, tubab*»[4]
en el embarcadero de Barra
encontré a Mariama
la niña que deambulaba sin zapatos
recuerdo Tanji
cuando los barcos pesqueros
retornaban con la carga capturada
las gaviotas trataban de aprehender
una pieza deslizada
y las mujeres de atuendos multicolores
regateaban el precio del pescado
recuerdo que comía en mercadillos

---

4. *Tubab*: palabra en wolof, uno de los idiomas de Gambia, que quiere decir «hombre blanco».

junto a los *aparapitas*[5] gambianos
bajo toldos armados con palos y lonas viejas.

¿Saben qué recuerdo de Banjul?
recuerdo la Nochebuena de 2010
la noche más fría
la más triste en Banjul
esa fue la noche de lágrimas
Fatou estaba a mi lado
y las luces se alzaban
como pañuelos negros en el crepúsculo
prendí, entonces, seis velas para Ramiro
en Saint Mary's Cathedral
me persigné con su mano derecha
me despedí de él
le dije adiós para siempre
que recordaré
sus interpretaciones de Los Iracundos
que nadie puede
contra la voluntad del Creador
que la energía
se desgrana de los pulmones
y nos vamos como flechas
por una galería opaca
que apenas muestra el perfil de las paredes
le dije, también, que el arcángel Miguel
guerrero y defensor de Jehová
será su guía por el infinito.

---

5. *Aparapita*: palabra de origen aymara que significa «el que carga».

Coronavirus

(Poema escrito durante la pandemia)

Tú habitabas en otros cuerpos
en otras partículas
y el carcelero de la oscuridad
jamás anunció tu salida
algo falló
en el reino de las tinieblas
y tú, coronavirus,
aprovechaste la rendija oblicua
de repente llegaste
con electrocardiograma de línea horizontal
sin ojos
sin nariz
sin boca
y sin orejas.

Los alfileres que te rodean
fueron los sepulcros que llegaron como abrigo
de ahí, cada familia confinada
dentro de cuatro paredes
unos blindados
bajo un paraguas de cinco estrellas
otros huérfanos
lloran desesperadamente mirando al cielo
como lobos furiosos en la serranía.

Los colegios y las universidades
recintos solitarios en el espacio
las ciudades más activas

las estaciones de trenes
los centros comerciales
y los parques
despoblados de punta a punta
¡ay, Coronavirus!
has sembrado
lo maligno de ti en lo cotidiano
has traído la muerte
a los cultivos más fértiles de la Tierra
y has abierto
la bajada hacia el infierno.

Estamos en alerta, coronavirus,
caminamos a distancia
nos saludamos con el codo
entramos a los buses por las puertas traseras
el jabón y el alcohol de los desinfectantes
secan la piel de nuestras manos
y el límite
cuando lo humano tiende al peligro
es un número
en almacenes de alimentos y farmacias.

Ahora somos de medio rostro
con la boca tapada
como para no protestar contra las injusticias
pero te equivocas, coronavirus,
y en medio de esta caída de clavos
hay luces en el túnel
en medio del llanto
hay soles que se dejan ver.

Por eso mismo, coronavirus,
luchamos contra tu veneno
con todas las tijeras del mundo
con todos los aparatos necesarios
con todas las jeringas
y por sobre todos los cometas
estamos listos, coronavirus,
para poner fin
a esta guerra que nos has declarado
cobardemente sin avisarnos.

Descubriendo misterios

Existe una fuerza en el universo que, si se lo permitiéramos,
fluiría a través de nosotros produciendo resultados milagrosos.

Mahatma Gandhi

He subido
al peldaño más alto
como un ángel azul
y he visto a Eva
sin la hoja entre sus piernas
Adán
el primer hombre de los hombres
sentado a la diestra de su mujer
porque él sabía
de árboles frutales sin manzanas
de cisnes que cruzaban hasta el otro lado
de plantaciones que todavía estaban
dispuestas a la cosecha
y de guardianes blancos y negros
que tocaban las trompetas como Dios manda.

En este lugar de partos sin dolor
no existen las enfermedades cardiovasculares
el pan es amasado para todos
y el sol
tiene siempre una cara bien gorda.

He destapado
las bóvedas del infierno

y observé
cómo subía el humo en forma de torre
aquí los verbos
no tienen acción trascendental
—exclamó el Lucifer—
y vi cómo se quemaban las pasiones
los sueños humeaban
igual que la paja brava en el altiplano
y las esperanzas se convertían en ceniza
de repente
lo vi en el último
y más intenso de los infiernos
ahí estaba parado
con sus gafas bifocales
observando por dónde escapar
entre dragones de lenguas arqueadas
y rejas encendidas
que se enroscaban
como culebras en el pasto.

Aquí estoy para incendiarte
—estalló la voz del satanás fogonero—
por tus enormes deslices terrenales
y tus engaños sacados de la manga
pasarás del fuego al fuego
de la chispa al carbón
de arriba hacia abajo
arderás en mil colores
en diez mil tambores
y en un millón de cubiletes.

Te han visto por todas partes

Te han visto
con la mirada frente al tumbado
y tu cuerpo enloquecido en la desnudez
el líquido amniótico en movimiento
la claridad subiendo por el cordón umbilical
y el niño era experto en tu matriz
de tu piel a los cartílagos
giraba un espéculo frío
así como cuando gira
el alacrán ante su presa
y destrozaba la posición fetal
en cada punzada
en cada raspado
desaparecían las contracciones
y tu vientre
hinchado por los meses
abortaba un hijo de tus entrañas.

Te han visto
en el puerto encapuchada
con tus espumas y oleajes de castigo
con tus eternos lamentos
con tu díscolo proceder
con tu propio diluvio
chorreando encima de tus hombros
con tus vértigos y tus maldades
ocultas en tu médula espinal.

A ti
te han maldecido

los babalaos[6]
en el Malecón de La Habana
te han maldecido
los brujos quechuas y aymaras
en el lago Titicaca,
en la isla de Gorée
los marabúes[7] senegaleses
te hechizaron
con estiércol de ratas
y yo
te asesino cada semana
con plutonio
en la punta de mi bisturí.

Te han visto
en un descampado
estática
como una caracola
en el fondo del mar
nunca llegó la luz a tu silueta
el sol
de ningún modo tocó
las paredes de tu corazón
ni la luna
alumbró tu recorrido
eres la íntima oscuridad de las tinieblas
en el último paraje de los socavones
radiografía por radiografía

---

6. Babalao: término que proviene de la palabra yoruba «*babaaláwo*». Significa «padre o conocedor de secretos».

7. Marabú: persona senegalesa que, según la creencia, es elegida por Alá y tiene poderes misteriosos.

te rodea
tormenta por tormenta
te rodea
cuchillo por cuchillo
te rodea.

Dios a nadie da
por haber usurpado
en intersección con la muerte.

Dios a nadie da
por haber actuado
con tus manos de pata de cabra.

Dios a nadie da
por haber levantado
los diez mandamientos
con turbios hedores de trapos sucios.

Dios cada segundo da:
amor
paz
libertad
abundancia
nacimiento
para que sigamos cada día
a su imagen y semejanza
que redime y nos reencarna.

Te han visto
arrodillada en una iglesia
con un velo blanco y las Sagradas Escrituras

desteñidas entre tus uñas
y cuando el sacerdote dijo
«cordero de Dios que quitas el pecado del mundo»
tus ojos
empezaron a darse la vuelta
tus pelos
revoloteaban como huracán de vampiros
la viruela
se apoderó de tu cara
y como aquella mujer del exorcista
blasfemabas contra Jesús.

Te han visto
tomando poses sofisticadas
vestida con escritos adulterados
y has logrado
que te nombren
con los adjetivos más crudos
ayer dijeron
quizás nunca
hoy dicen
todo vuelve como efecto de la causa.

Por sus frutos los conoceréis
reza san Mateo, capítulo 7, versículo 16
por ese fruto arrebatado con tus perversas garras
tendrás que hincarte
frente al Tío de la mina[8]
para rendirle cuentas
de tus puñaladas por la espalda.

---

8. Tío de la mina: diablo hecho de barro, al cual los mineros, en Bolivia, le rinden pleitesía en el interior de la mina.

Índice

Este libro se terminó de editar en Granada
en agosto de 2024 por

Aliarediciones

www.aliarediciones.es
info@aliarediciones.es